STATUTS

ET

RÉGLEMENS

DE LA COMMUNAUTÉ
des Maiftres Tireurs, Ecacheurs, &
Fileurs d'Or & d'Argent de la Ville
de Paris.

*Avec les Lettres Patentes, & les Arrefts de la Cour de Par-
lement & de la Cour des Monnoyes, pour la Confirmation & Enregiftrement d'iceux.*

A PARIS,

Chez CHARLES HUGUIER, ruë Saint Jacques, vis-à-vis
la ruë de la Parcheminerie, à la Sageffe.

M. DCC. XX.

STATUTS ET REGLEMENS

Rendus au Chaftelet de Paris, pour la Communauté des Maiftres Tireurs, Ecacheurs & Fileurs d'or & d'argent.

7. Septembre 1551.

VEU par Nous Antoine des Effars, Confeiller du Roy notre Sire, & Lieutenant Civil de la Prevofté de Paris ; Martin de Bragelongne, auffi Confeiller dudit Seigneur, & Lieutenant Particulier de ladite Prevofté de Paris: François Goyet, Advocat dudit Seigneur ; Michel Piedefer, Confeiller & Advocat d'iceluy Seigneur : Jean de Martine, Procureur du Roy: Thomas de Bragelongne ; Leon Godefroy, & Guillaume Belle ; tous Confeillers dudit Seigneur au Chaftelet de Paris: les Lettres Patentes dudit Seigneur à Nous adreffantes fignées, Par le Roy en fon Confeil, BAYARD, données à la Fere fur Oife le 6. Juillet, l'an de grace 1535, obtenuës & impetrées de la partie de Jean-Baptifte Dauvergne, Tireur d'or & d'argent trait du Roy, Loüis Corifier, Adam Berjot, & Pierre Bizet, Marchands du Métier de Tireur d'or & d'argent en cette Ville de Paris ; intervenus fur les Articles & Statuts préfentez par lefdits Impetrans, & par eux requis eftre entretenus, gardez & obfervez fur le fait du Métier de Tireur d'or & d'argent en cette Ville de Paris ; tendans afin de nous informer bien & düement fur le contenu en la Requefte & Articles attachez aufdites Lettres fous le Scel de la Chancellerie de France, & de la commodité ou incommodité du Roy notredit Seigneur ; & l'information avec notre Avis renvoyez par-devant ledit Seigneur & fon Confeil, pour y pourvoir & ordonner comme de raifon. Vû auffi l'information faite fur la commodité ou incommodité dudit Seigneur, & de la chofe publique, fur lefdits Articles, par Me Jean Bailly, Commiffaire & Examinateur audit Chaftelet, à ce par Nous commis ; l'Effay fait en la Monnoye de Paris par l'Effayeur ordinaire d'icelle Monnoye le mardy 29 Octobre

A ij

l'an 1549. en noftre prefence, de l'or & l'argent en fil fin étranger, & de l'or & l'argent en fil fin de Paris, tant en la coupelle que autrement: Nostre Avis eft, fauf le bon plaifir du Roy & de fon Confeil, que pour la commodité, profit & utilité du Roy & de la chofe publique, qu'il fera bon de garder & obferver audit Métier de Tireur d'or & d'argent, les Articles qui enfuivent.

ET Premierement, Que audit Métier y aura quatre Maiftres Jurez, qui feront élûs par la Communauté des Maiftres d'iceluy Métier, & feront le ferment pardevant notre Prevoft de Paris ou fon Lieutenant, ou notre Procureur audit Chaftelet, de bien & loyaument garder, & vifiter les denrées, ouvrages & marchandifes dudit Métier, tant celles des Maiftres de cette Ville de Paris, que de ceux qui en vendront ès Fauxbourgs d'icelle, foit en boutique & en chambre, que des Marchands Forains amenans en cette Ville or & argent trait, filé & non filé, bien ouvré & mis en œuvre de canetilles, jazerans, frifons & frifures, & cartifannes, de quelque forte qu'elles foient ; & des fautes & méprentures qu'ils trouveront efdits ouvrages & marchandifes, en feront bon & loyal rapport en la Chambre de noftredit Procureur, ainfi qu'ont accouftumé faire les Jurez des autres Métiers, pour y eftre pourvû par Juftice, ainfi que de raifon. Lefquels Jurez feront élûs & changez de deux ans en deux ans, & par chacun an en fera élû deux, au lieu des deux plus anciens.

Que tous Marchands Forains & Maiftres dudit Métier, feront tenus de vendre la marchandife dudit Métier ; c'eft à fçavoir ; or & argent trait, filé & non filé, tant fin que faux, foit qu'ils les vendent en gros ou en détail, au poids du Roy, poids de marc qui eft de huit onces au marc, & huit gros pour once ; & leur font faites défenfes de ne vendre au poids fubtil, autrement dit le poids de Lyon, ou autre poids que ce foit, fur peine de quarante fols parifis d'amende, à appliquer la moitié à Nous, & l'autre moitié aufdits Jurez.

Que lefdits Marchands Forains amenans or & argent trait, filé & non filé, or de Chipre, tant fin que faux, en cette Ville de Paris, feront tenus d'iceux faire voir & vifiter par lefdits Jurez, & de les en avertir pour ce faire, auparavant que de le pouvoir expofer en vente, fur peine de confifcation de la marchandife qui auroit efté ainfi trouvée venduë, & d'amende arbitraire à la difcretion de Juftice.

Lefquels Jurez feront tenus icelle marchandife voir & vifiter diligemment, & d'icelle faire effay dedans 24 heures, après qu'ils en auront efté avertis, & de marquer la bonne marchandife de la bonne marque du Métier, & la fauffe marchandife de la fauffe marque, afin que l'on puiffe difcerner la bonne de la mauvaife : & lefquels Marchands feront tenus apporter leur lot & marchandiſe, pour ce faire, en la Chambre du Métier qui pour ce ſera ordonnée.

Et ſi en viſitant par iceux Jurez ladite marchandiſe foraine, ils en trouvent de la déloyale & fauſſe, ils en feront leur rapport en la Chambre de noſtredit Procureur dedans vingt-quatre heures après, ſur peine de dix livres pariſis d'amende à appliquer à Nous ; & juſques à ce que par Juſtice en ait eſté ordonné, ne pourra ledit Marchand vendre ſa marchandiſe déloyale, ſur peine de confiſcation de ladite marchandiſe, & d'amende arbitraire, à appliquer comme deſſus.

Et où leſdits Jurez auroient eſté negligens de viſiter ladite marchandiſe dedans les vingt-quatre heures, après qu'ils en auront eſté avertis, pourront les Marchands, par la permiſſion de noſtre Prevoſt de Paris, icelle faire viſiter par deux Bacheliers du Métier, qui en feront pareille viſitation, eſſay & rapport que leſdits Jurez ; & ſi payeront leſdits Jurez les dommages & intereſts ſoufferts par les Marchands, par faute d'avoir fait la viſitation dans ledit temps, ſi ils n'avoient legitime empeſchement duquel il fût apparu à notredit Prevoſt.

Ne pourront auſſi les Merciers & autres Marchands demeurans & tenans Boutique en cette Ville de Paris, Fauxbourgs d'icelle, en boutique ou en chambre, vendre or & argent trait, tant fin que faux, filé & non filé, qu'ils auront acheté ailleurs & hors de cettedite Ville, que premierement il n'ait eſté vû & viſité, & d'iceluy fait eſſay par leſdits Jurez, & par eux marqué des marques dudit Métier, c'eſt à ſçavoir, l'or & l'argent fin de la bonne marque, & le faux de la fauſſe marque, ſur les peines ſuſdites, nonobſtant les ordonnances & autres Privileges quelconques que pourront alleguer leſdits Merciers & autres Marchands avoir obtenu de Nous & de nos Prédeceſſeurs ; & droit de Juſtice que pourroient prétendre quelconques autres Hauts-Juſticiers dedans les fins & limites de leurs Territoires, ſoit de la Ville & Fauxbourgs, ou Banlieuë d'icelle ; auſquels Nous avons derogé & dérogeons pour l'effet de ces Preſentes, pour les fautes & abus qui s'y peuvent commettre en conſequence de la matiere d'icelle.

Et quant à l'or & à l'argent qu'ils auroient acheté en cette Ville, ſoit des Maiſtres ou autres Marchands, ne le pourront revendre ſi il n'eſt marqué, ſur les peines ſuſdites.

Et pour éviter qu'il ne ſe faſſe tromperie audit Métier, & que perſonne ne ſoit déçu, auront les Maiſtres dudit Métier chacun leurs marques ſeparées, deſquels ils marqueront leurs ouvrages, leſquels ils ne pourront vendre qu'ils ne ſoient marquez de leurs marques, & qu'ils ne les ayent fait contremarquer par leſdits Jurez deſdites marques communes du Métier, pour la forme deſſuſdite, ſur leſdites peines : leſquelles marques des Maiſtres du Métier ſeront miſes en un coffre commun, duquel les Jurez auront une clef, & noftre Procureur l'autre, pour à icelle avoir recours quand befoin fera.

Et pour les caufes fufdites, y aura audit Métier deux marques qui feront & demeureront entre les mains defdits Jurez, qui feront toutes differentes; & de l'une d'icelles, qui fera appellée la bonne marque, fera marqué tout l'or & l'argent trait fin, filé & non filé, qui fera fait ou amené, debité & vendu en cette Ville de Paris: Et de l'autre, qui fera appellée la fauffe marque, fera marqué tout l'or faux, argent faux trait, filé & non filé, qui fera auffi fait, amené & vendu en cettedite Ville, pour éviter aufdites fraudes & abus.

Et pour ce que ledit or & argent trait, filé & non filé, tant fin que faux fe vend ordinairement en bobines, feront lefdits Maiftres & autres qui en vendront en bobines en ladite Ville & Fauxbourgs, tenus de marquer fur icelles bobines le poids du bois, pour plus facilement reconnoiftre la déduction qui fe devra faire fur ledit or & argent, fur peine de dix livres parifis d'amende, & confifcation de la marchandife.

Et pour ce qu'il fe trouve plufieurs Marchands & autres befognans dudit Métier, qui expofent en vente dudit or & argent qui n'eft pareil dedans que dehors, & eft dedans faux & déloyal, & par deffus couvert d'or & d'argent fin, eft prohibé & defendu à tous Ouvriers dudit Métier, & tous autres Marchands de quelque qualité & condition qu'ils foient, de ne faire ou faire faire, vendre ou faire vendre or & argent trait, filé & non filé, s'il n'eft du tout fin, ou du tout faux, & pareil dedans que dehors, & non mêlé de fines & fauffes matieres, & auffi de ne vendre le faux or & argent pour le fin, fur peine de confifcation defdites denrées, & d'amende arbitraire.

Et pour éviter à toutes fraudes & abus qui fe pourroient commettre aufdits ouvrages, & que les Ouvriers fçachent à quel titre ils devront befogner; Ne pourront lefdits Maiftres en or & argent trait fin, filé & non filé, employer autre or & argent que le plus fin, c'eft à fçavoir, l'or à vingt-quatre carats, & l'argent à onze deniers vingt-deux grains fin, autrement dit la coupelle, fur pareilles peines que deffus, & à cette fin lefdits Jurez feront tenus de faire effay fommairement de toutes les marchandifes qu'ils vifiteront, tant des Maiftres de cette Ville, que des Marchands Forains, & de marquer celles qu'ils trouveront revenir à ce titre, de la bonne marque; & des autres qui ne reviendront audit titre & qui auroient efté faites ou expofées pour bonnes & fines, en faire le rapport en la Chambre dudit Procureur du Roy, pour après efte ordonné de la confifcation & peine contre les délinquans, ainfi que deffus eft dit.

Et pour ces caufes eft très-expreffement inhibé & défendu aufdits

Jurez de ne marquer aucunes marchandifes dudit état, foit qu'elles ayent efté faites en cette Ville, ou qu'elles ayent efté apportées de dehors par Marchands Forains, pour fines & de la bonne marque, elles ne reviennent à ce titre, fur peine de privation de leurs états, & d'amende arbitraire.

Quiconque voudra eftre receu & paffé Maiftre audit Métier, eftre le pourra, s'il eft idoine & fuffifant ; & pour connoiftre de fa fuffifance fera tenu de faire chef-d'œuvre tel qu'il luy fera ordonné par lefdits Jurez, & fi fera par eux examiné fur les matieres, façons, alois & au-tres chofes concernans ledit Métier.

Et où par l'examen & chef-d'œuvre il fe trouve fuffifant, fera par lefdits Jurez rapporté dedans vingt-quatre heures après, pardevant notredit Procureur audit Chaftelet, qui le recevra, & fera le ferment en la maniere accoûtumée, en baillant préalablement pardevant eux, par celuy qui voudra eftre receu, caution de dix marcs d'argent.

Et payera pour fon entrée, au Roy quarante fols parifis, & aux Jurez dudit Métier, pour leurs peines, falaires & vacations d'avoir fait ledit examen, & affifter à le voir befogner, quatre livres parifis, fans que celuy qui voudra eftre receu & paffé Maiftre, foit tenu de faire autres frais, banquets, affemblées de Maiftres dudit Métier, fur peine aufdits Jurez, & ceux qui auront affifté ou efté participans def-dits banquets, d'eftre privez de 'eurs états & Maiftrifes, & d'amende arbitraire à la difcretion de Juftice ; encore que celui qui voudroit eftre receu le voudroit faire volontairement : & à luy d'eftre declaré inhabile d'eftre jamais Maiftre dudit Métier.

Pour lequel chef-d'œuvre faire, fera le Compagnon qui voudra eftre receu, tenu de tirer & affiner au délié bien & dûement, ainfi qu'il appartient, deux marcs d'or & d'argent fin, & deux marcs d'or & d'argent faux.

Item, Que les enfans des Maiftres feront exempts de faire chef-d'œuvre, & ne payeront aucune chofe à Nous & aufdits Jurez: mais feront experimentez feulement, & examinez fur les allois ; & puis après feront le ferment pardevant noftredit Procureur en la maniere accoûtumée, qui les recevra audit Métier, en baillant toutesfois par eux caution comme deffus.

Que lefdits Maiftres ne pourront prendre garçons Apprentifs pour apprendre ledit Métier, à moins de temps que cinq ans, fur peine de quarante fols parifis d'amende à appliquer comme deffus, & lefquels ne pourront avoir plus de deux Apprentifs au coup : fauf que fur la fin du temps de l'apprentiffage de leurs Apprentifs, fix mois aupara-vant, ils en pourront loüer & obliger d'autres.

Que aucun defdits Apprentifs ne fera receu à befogner dudit Métier, & faire chef-d'œuvre pour y eſtre receu Maiſtre, s'il n'a appris ledit Métier en cette Ville de Paris, ou autre Ville Jurée de noſtre Royaume, par ledit temps & eſpace de cinq ans conſecutifs.

Que les Veuves deſdits Maiſtres, tant qu'elles ſe tiendront en viduité jouïront de pareil privilege que les autres Maiſtres dudit Métier.

Que leſdites Veuves qui ſe voudront remarier, & ſe remarieront aux Compagnons dudit Métier qui auront eſté Apprentifs par ledit temps & eſpace de cinq ans, affranchiront leſdits Compagnons qu'elles auront épouſez des chef-d'œuvres dûs par les autres Maiſtres dudit Métier à leur réception, en faiſant toutesfois par eux experience ſuffiſante, tout ainſi & par la forme & maniere qu'il a eſté par Nous ci-deſſus ordonné des enfans deſdits Maiſtres ; à la charge auſſi qu'à leur reception, ils payeront quarante ſols pariſis à Nous ; & auſdits Jurez quarante ſols pariſis, ſans autres frais, ſur les peines deſſuſdites.

Jouïront les Filles deſdits Maiſtres nées en loyal mariage, qui ſeront mariées auſdits Compagnons, de pareil privilege que leſdits Maiſtres.

Que leſdits Maiſtres ne pourront retirer, ne bailler à beſogner, moins ſoubſtraire les ſerviteurs les uns des autres, ſans avoir préalablement ſçû des Maiſtres leſquels leſdits ſerviteurs auront laiſſez, la cauſe pour laquelle ils auront délaiſſé leurſdits Maiſtres, & ſe feront ſoubſtraits d'avec eux ; ſur peine aux contrevenans de quatre livres pariſis d'amende envers Nous, appliquable comme deſſus pour la premiere fois ; & pour la ſeconde, de huit livres pariſis d'amende ; en la tierce, d'eſtre privez dudit Métier.

Que audit Métier ne ſeront aucuns receus Maiſtres qui ayent eſté notez de Juſtice, ſans mandement ſpecial, & rehabilitation de Nous.

Que leſdits Maiſtres ne pourront ſemblablement tenir Serviteurs ; bailler à beſogner à aucuns Compagnons dudit Métier, qui ſemblablement ayent eſté notez & reprins de Juſtice, ſur peine de quarante ſols pariſis d'amende, applicable comme deſſus.

Que leſdits Maiſtres ſeront tenus bailler à beſogner aux Compagnons dudit Métier qui auront fait leur apprentiſſage en cette Ville de Paris, premier que aux Compagnons Etrangers, pour pareil prix que leſdits Etrangers, ſur peine de quarante ſols pariſis d'amende envers Nous.

Que leſdits Maiſtres ne pourront faire aucune Aſſemblée, ſoit pour leurs affaires de leur Métier, ou autre, ſans l'autorité & permiſſion de noſtredit Prevoſt de Paris, ou ſon Lieutenant, ou noſtredit Procureur, en la preſence deſquels ils delibereront des affaires pour leſquelles ils ſe feront aſſemblez. Ainſi ſigné, *Des Eſſars, De Bragelongne, De Bragelongne, Goyet, De Martine, Godefroy, Piedeſer, & Belle.*

Confirmation

Confirmation de Henry II. defdits Statuts & Reglemens.

HENRY par la grace de Dieu, Roy de France; fçavoir faifons à tous préfens & à venir, Salut. Comme nos chers & bien amez Jean Dauvergne, Loüis Corifier, Adam Berjot, & Pierre Bizet, Marchands du Métier de Tireur d'or & d'argent en noftre Ville de Paris, dès le fixiéme Jour de Juillet mil cinq cens trente-cinq, euffent prefenté Requefte à feu noftre très-honoré Seigneur & Pere, ou aux Gens de fon Confeil Privé, tendante à ce qu'il luy pluft confirmer & faire garder & obferver certains Articles qu'ils auroient par meûre déliberation fait dreffer fur le fait & état dudit Métier de Tireur d'or & d'argent trait, en nôtredite Ville de Paris, pour obvier que aucuns abus, fraudes & autres inconveniens n'y fuffent commis. Laquelle Requefte & Articles auroient efté renvoyez au Prevoft de Paris, ou fon Lieutenant, pour appellé noftre Procureur audit Châtelet, & autres qui pour ce feroient à appeller, informer, ou faire informer fur la commodité ou incommodité que Nous & la chofe Publique pourrions avoir en octroyant le contenu en ladite Requefte & Articles ; ce qui auroit efté fait & rapporté en noftredit Privé Confeil, avec fon avis, & celuy de fondit Procureur, & depuis auroient le tout renvoyé pardevant nos amez & feaux les Gens tenans nôtre Grand Confeil, pour y donner leur avis, pour iceluy veu eftre par Nous pourveu aufdits Supplians ainfi que de raifon. Ce que iceux Gens de noftredit Grand Confeil ont depuis fait, & baillé leur avis qui eft cy-attaché, avec lefdites Requefte, Articles, Informations & autres pieces, fous le Scel de noftre Chancellerie. Pour ce eft-il que Nous defirans nos fujets de noftre Ville de Paris, vivre en bonne Police chacun en fon Métier & état, fans fraude & abus ; & après que avons fait voir en noftredit Confeil Privé lefdites Requeftes, Articles, Informations, & avis, tant du Prevoft de Paris, Officiers dudit lieu, que de l'avis des Gens de noftredit grand Confeil : Nous, fuivant lefdits avis, avons lefdits Articles cy attachez ainfi faits fur ledit Métier de Tireur d'or & d'argent trait, en noftredite Ville de Paris, loüez, confirmez ratifiez, & approuvez, & pour la teneur de ces préfentes, de noftre grace fpeciale, pleine puiffance & autorité Royale, loüons, confirmons, ratifions & approuvons, pour eftre dorénavant & à toûjours gardez & obfervez felon leur forme & teneur, fans y faire reftriction ou modification, réferver les fixiéme & vingt-troifiéme Articles qu'avons fait rayer d'iceux Articles. SI DONNONS EN MANDEMENT à nos amez & feaux les Gens te-

B

nans noftre Cour de Parlement à Paris, Prevoft dudit lieu, ou fon
Lieutenant, & à tous nos autres Jufticiers & Officiers, ou leurs Lieu-
tenans, à chacun d'eux, en droit foy, fi comme à luy appartiendra,
que cette préfente noftre Ordonnance, confirmation & ratification
defdits Articles, ils faffent lire, publier & enregiftrer partout où il
appartiendra, & du contenu en iceux faffent, fouffrent & laiffent lefdits Supplians & leurs fucceffeurs en joüir & ufer pleinement & paifiblement, fans que pour ores, ne pour le temps à venir, leur foit fait
ou donné aucun détourbier ne empefchement au contraire; lequel fi
fait mis ou donné leur avoit efté, ou eftoit, les mettent ou faffent mettre incontinent & fans délay, à pleine & entiere délivrance, & au premier état & dû, en contraignant à ce faire & fouffrir tous ceux qu'il
appartiendra, & qui pour ce feront à contraindre par toutes voyes &
manieres dûës & raifonnables; nonobftant quelconques oppofitions ou
appellations; pour lefquelles & fans préjudice d'icelles ne voulons
eftre differé: Car tel eft notre plaifir. Et afin que ce foit chofe ferme & ftable à toûjours, Nous avons fait mettre notre Scel à cefdites
Préfentes: fauf en autres chofes noftre droit, & l'autruy en toutes.
Donne' à Fontainebleau au mois de Septembre l'an de grace mil
cinq cens cinquante-un, & de noftre regne le cinquiéme. Ainfi figné
fur le repli, Par le Roy, le Sieur Davanson Maiftre des Requeftes
ordinaire de l'Hoftel, prefent, Robillard. *Regiftrata audito, Pro-*
curatore Generali Regis, fub modificationibus in Arrefto Curiæ, hac die
lato, contentis. Parifiis in Parlamento feptima die Septembris, anno Do-
mini millefimo quingentefimo quinquagefimo fecundo. Sic fignatum,
Du Tillet.

AUTRES STATUTS ET REGLEMENS
rendus en la Cour de Monnoyes.

17. Aouft 1557.

SUR la Requefte préfentée à la Cour dès le 14 May dernier paffé,
par les Tireurs & Ecacheurs d'or & d'argent de cette Ville de Paris, Batteurs d'or & d'argent trait; tendante afin d'eftre reglez fuivant
l'Edit du Roy du mois de Mars 1554. & qu'il fuft par la Cour mis &
donné Reglement fur le fait dudit Métier.

VEU PAR LA COUR lefdites Requeftes, remontrances &
moyens par lefdites parties refpectivemens baillez par écrit, Lettres
Patentes du Roy en forme de Chartres données à Fontainebleau le 7.
Septembre 1551. par lefquelles, & pour les caufes contenues en icelles,

ledit Seigneur loüé, & ratifie & approuve certains Articles y attachez
fous le contrefcel de la Chancellerie, & baillez de la part des Marchands
du Métier de Tireur d'or & d'argent en cette Ville de Paris pour eftre
dorénavant & à toûjours gardez felon leur forme & teneur, fans y
faire reftriction ou modification, refervez les 6ᵉ & 23ᵉ articles rayez
d'iceux ; mandant ladite Ordonnance, Confirmation & Ratification
defdits Articles, eftre lûs, publiez & enregiftrez partout où il appartiendra, & du contenu en iceux laiffer joüir & ufer lefdits Maiftres
& leurs fucceffeurs pleinement & paifiblement, fans en ce leur donner
aucun détourbier ou empefchement, comme le tout eft plus à plein
contenu efdires Lettres : Arreft de la Cour de Parlement intervenu fur
lefd. Lettres & articles le 7. Septembre 1552. Edit du Roy fait au mois
de Janv. 1551.contenant attribution de Jurifdiction à la Cour de ceans,
mefme fur ledit Métier de Tireur d'or & d'argent : Autre Edit du mois
de Mars 1554. par lequel entr'autres chofes eft porté le Reglement defdits Tireurs d'or & d'argent : Et après que lefdits Tireurs d'or & d'argent, Batteurs d'or & d'argent trait, autrement appellez Ecacheurs,
mandez pour cet effet, ont efté oüis encore verbalement au Bureau de
ladite Cour, en préfence du Procureur Général du Roy en icelle, lequel, le tout vû auroit baillé fes Conclufions par écrit: Tout confideré,
LADITE COUR a ordonné & ordonne, que dorénavant, par
maniere de provifion, & jufques à ce que par le Roy y foit pourvû
plus amplement, les Articles cy après déclarez feront entretenus, gardez & obfervez felon leur forme & teneur, tant par lefdits Tireurs,
que Batteurs & Ecacheurs d'or & d'argent trait.

PREMIEREMENT,

QUE dudit Métier y aura deux Maiftres Jurez, qui feront élus
par la Communauté des Maiftres d'iceluy, & le feront par l'efpace de
deux ans entiers : mais par chacun an en fera élu un nouveau au lieu
de celuy qui y aura efté deux ans; laquelle Election fe fera pardevant
le Procureur Général du Roy en ladite Cour, en la forme & maniere
des Orfévres, au lendemain de la Fefte S. Eloy au mois de Juin;& feront
le ferment en ladite Cour de bien loyaument garder & faire obferver les Ordonnances fur ledit Métier, vifiter les ouvrages & Marchandifes dudit Métier, tant ceux des Maiftres de cette Ville de Paris, de
ceux qui en vendront ès Fauxbourgs d'icelle, foit en boutique ou en
chambre, que des Marchands Forains amenans en cette Ville de Paris
or ou argent trait, filé ou non filé, ouvré & mis en œuvre, de canetilles, jazerans, frifons, frifures, ou autrement en quelque forte que
ce foit; & des fautes & abus qu'ils trouveront efdits ouvrages & marchandifes, en feront bon & loyal rapport à ladite Cour, pour y eftre
par elle pourvû ainfi que de raifon.

Cod. Henry III.
Liv. 15.Tit. 49.
art. 1.& 2.

B ij

II.

Que lesdits Maistres dudit Métier pourront travailler en leursdits Métiers, & vendre tout or & argent trait, filé & non filé, tant fin que faux, pourveu que le fin soit filé sur la soye, & le faux sur le fil tant seulement, & non sur soye; sur peine à ceux qui se trouveront faire le contraire, de confiscation de la marchandise, & d'amende arbitraire à la discretion de la Cour. Lesquels Maistres dudit Métier, & autres Marchands tant de cette Ville que Forains, seront tenus vendre ledit or & argent filé & non filé tant fin que faux, soit qu'ils le vendent en gros ou en détail, aux poids du Roy, qui est de huit onces au marc, & huit gros pour once, & leur sont faites défenses de ne vendre au poids subtil, autrement dit le poids de Lyon, ou autre poids que ce soit, sur peine de quarante sols parisis d'amende, à appliquer les trois quarts au Roy, & l'autre quart à la Communauté & aux Jurez, à diviser également entr'eux.

III.

Cod. Henry III. Liv. 15. Tit. 49. art. 6.

Que tous Marchands amenans or & argent trait, filé & non filé, or de Chypre tant fin que faux, en cette Ville de Paris, seront tenus de iceux faire voir & visiter par lesdits Jurez, & les en avertir pour ce faire auparavant de les exposer en vente; sur peine de confiscation de la marchandise qui ainsi auroit esté trouvée venduë, & d'amende arbitraire à la discretion de ladite Cour. Lesquels Jurez seront tenus icelle marchandise voir & visiter diligemment, & d'icelle faire faire essay en leurs présences dans vingt-quatre heures après qu'ils en auront esté avertis, & ce par l'Essayeur de la Monnoye de Paris, lequel ladite Cour pour ce faire a commis & député.

IV.

Ibid. art. 7.

Seront tenus lesdits Jurez marquer la bonne marchandise d'or & d'argent fin de la marque du fin, & la fausse marchandise & le faux or ou argent, de la marque du faux, afin qu'on puisse discerner le faux du fin, & pour ce lesdits Marchands apporteront leurs marchandises des qualitez susdites en la Chambre du Métier, qui pour ce sera or-

Ibid. art. 3.

donnée. Lesquels Jurez Gardes dudit Métier feront leurs visitations bien & diligemment, appellez avec eux un ou deux des Huissiers de ladite Cour, si Métier est, & ausquels ladite Cour a enjoint d'accompagner lesdits Maistres Jurez, pour cet effet, toutes & quantes fois qu'ils en seront requis.

V.

Ibid. art. 4. & 8.

Et si en visitant par iceux Jurez ladite marchandise Foraine, ils en trouvoient de la déloyale & falsifiée, ils en feront leur rapport à ladite Cour dedans vingt-quatre heures après, sur peine d'amende arbitraire, & jusques à ce que par la Cour en ait esté ordonné; & permis aufdits Jurez faire faifir ladite marchandife déloyale, & ne pourra le Marchand la vendre, fur peine de confifcation de la marchandife, & d'amende arbitraire.

VI.

Et où lefdits Jurez auroient efté négligens à vifiter ladite marchandife dedans lefdites 24. heures après qu'ils en auroient efté avertis, pourront lefdits Marchands par permiffion de ladite Cour, icelle faire vifiter par deux Bacheliers du Métier qui en feront pareille vifitation, effay & rapport que lefdits Jurez: & fi payeront iceux Jurez les dommages & interefts foufferts par les Marchands par faute d'avoir fait la vifitation dedans ledit tems; finon qu'ils euffent legitime empefchement, duquel il fuft apparu à ladite Cour.

VII.

Ne pourront auffi les Merciers ne autres Marchands demeurans & tenans Boutique en cette Ville de Paris & Fauxbourgs d'icelle, en Boutique ou en Chambre, vendre or & argent trait, tant fin que faux, filé & non filé, qu'ils auront acheté ailleurs, & hors cettedite Ville que premierement il n'ait efté veu & vifité, & d'iceluy n'ait efté fait effay, & foit marqué par les Jurez des marques dudit Métier; c'eft à fçavoir, l'or & l'argent fin de la marque du fin, & le faux de la marque du faux, fur les peines fufdites.

Cod. Henry III, Liv. 15. Tit. 47. art. 10.

VIII.

Et quant à l'or & l'argent qu'ils auroient acheté en cette Ville foit des Maiftres ou autres Marchands, ne les pourront revendre, s'il n'eft auffi marqué defdites marques fur les peines fufdites.

Ibid. art. 11.

IX.

Et pour obvier qu'il ne fe faffe tromperie audit Métier, & que perfonne n'y foit déçû, auront les Maiftres dudit Métier chacun leurs marques feparées, & ne pourront vendre aucuns ouvrages qui ne foient marquez de leurfdites marques, & qu'ils ne les ayent fait contremarquer par lefdits Jurez defdites marques communes dudit Métier; Enfemble les marques particulieres des Maiftres dudit Métier feront enregiftrées au Greffe de ladite Cour & empreintes en une table de cuivre qui pour ce faire fera mife audit Greffe, comme eft obfervé aux Orfevres, pour à icelle avoir recours quand befoin fera.

X.

Lefquelles deux marques communes dudit Métier feront & demeureront entre les mains defdits Jurez dudit Métier, qui feront toutes differentes, & de l'une d'icelles qui fera appellée la marque du fin fera marqué tout l'or & l'argent trait fin, tant filé que non filé, qui fera fait ou amené, debité & vendu en cette Ville de Paris; & de l'autre qui fera appellée la marque du faux, fera marqué tout l'or &

l'argent faux comme deſſus, pour éviter auſdites fraudes & abus,

XI.

Et pour ce que l'or & l'argent tant filé que non filé, fin que faux, ſe vend ordinairement en bobines, feront leſdits Maiſtres & autres qui en vendront en bobines en ladite Ville & Fauxbourgs, tenus de marquer ſur icelles bobines le poids du bois, pour plus facilement connoître la deduction qui ſe doit faire ſur ledit or & argent, ſur peine de cent ſols pariſis d'amende, à appliquer comme deſſus.

XII.

Et pour ce qu'il ſe trouve pluſieurs Marchands & autres beſognans dudit Métier, qui expoſent en vente dudit or & argent qui n'eſt pareil dedans que deſſus & eſt dedans faux & déloyal, & pardeſſus couvert d'or ou d'argent fin, & par ainſi vendent le faux or ou argent pour le fin; eſt prohibé & défendu à tous Ouvriers dudit Métier, & tous autres Marchands de quelque qualité & condition qu'ils ſoient, de vendre ou faire vendre or ou argent trait, filé ou non filé; s'il n'eſt dutout fin ou du tout faux, & pareil dedans que deſſus, & non mélé de fine & fauſſe matiere, ſur peine de confiſcation deſdites marchandiſes & d'amende arbitraire.

XIII.

Et pour éviter aux fautes & abus qui ſe pourroient commettre en la bonté des ouvrages, & que leſdits Ouvriers ſçachent à quel titre ils doivent beſogner; ne pourront leſdits Maiſtres, en or & en argent trait, filé ou non filé, employer autre or & argent que le plus fin; c'eſt à ſçavoir l'or à vingt-quatre carats à un quart de carat de remede, & l'argent à douze deniers à quatre grains de remede, ſur pareilles peines que deſſus.

XIV.

A cette fin feront leſdits Jurez tenus faire eſſayer ſommairement toutes les marchandiſes qu'ils viſiteront, tant des Maîtres de cette Ville des Marchands Forains, & de marquer celles qui ſe trouveront revenir au titre de la marque de fin, & des autres qui ne reviendront audit titre, & qui auront été expoſées pour bonnes & fines, en faire rapport à ladite Cour, pour après eſtre ordonné de la confiſcation & peine contre les delinquans, ainſi que deſſus eſt dit.

XV.

Et pour ces cauſes eſt très-expreſſément inhibé & défendu auſdits Jurez de ne marquer aucunes marchandiſes dudit état, ſoit qu'elles ayent eſté faites en cette Ville, ou qu'elles ayent eſté apportées de dehors par Marchands Forains pour fines, de la marque du fin, ſi elles ne reviennent auſdits titres, ſur peine de privation de leurs états & d'amende arbitraire.

XVI.

Quiconque voudra eſtre reçu & paſſé Maiſtre dudit Métier, eſtre le pourra s'il eſt idoine & ſuffiſant, ayant parfait dûement chez un Maiſtre dudit Métier ſon tems d'apprentiſſage; & pour connoiſtre de ſa ſuffiſance, ſera tenu de faire chef-d'œuvre tel qu'il luy ſera ordonné par leſdits Jurez, & ſi ſera par ladite Cour examiné ſur les matieres, façons, alois, & autres choſes concernant ledit Métier; & pour ce faire, leſdits Jurez ſeront tenus de venir preſenter celuy qui aura fait ledit chef-d'œuvre à ladite Cour, où il ſera reçu & ſera le ſerment pour ce requis, après qu'il aura baillé caution de dix marcs d'argent pour les fautes & amendes.

XVII.

Et payera ledit nouveau reçû aux Jurez dudit Métier, pour leurs ſalaires, peines & vacations d'avoir aſſiſté à voir beſogner & faire ledit chef-d'œuvre quarante ſols pariſis; ſans qu'il ſoit tenu faire autres frais, banquets, ni aſſemblées des Maiſtres dudit Métier : ſur peine auſdits Jurez & à ceux qui auront aſſiſté ou eſté participans deſdits banquets d'eſtre privez de leurs états & maîtriſes, & d'amende arbitraire à la diſcretion de ladite Cour, encore que celuy qui voudra eſtre reçû le voulût faire volontairement; & à luy d'eſtre déclaré inhabile à jamais pour eſtre reçû Maiſtre dudit Métier.

XVIII.

Pour lequel chef-d'œuvre ſera le Compagnon qui voudra eſtre reçû, tenu de tirer & affiner au délié bien & dûement, ainſi qu'il appartient, demi marc d'or & un marc d'argent fin, & autant de faux.

XIX.

Que les enfans des Maiſtres ſeront exempts de payer aucune choſe aux Jurez : mais bien ſeront tenus faire chef-d'œuvre à la diſcretion des Jurez, & ſeront experimentez & examinez ſur les alois; & après feront le ſerment à ladite Cour, & bailleront caution de dix marcs d'argent; ainſi comme les autres cy-deſſus.

XX.

Que leſdits Maiſtres ne pourront prendre aucun Apprentif pour apprendre ledit Métier à moins de temps que de ſix ans, fors que les enfans des Maiſtres, qui ne ſeront tenus faire leur apprentiſſage que par cinq ans. Et ne pourront leſdits Maiſtres avoir plus d'un Apprentif au coup, ſauf que deux ans durant le temps d'apprentiſſage de leur premier Apprentif, ils en pourront loüer & obliger un autre, à ce qu'ils ne demeurent dépourvûs. Et ſeront tenus tous leſdits Apprentifs lever Brevet de leur apprentiſſage & le bailler aux Jurez, pour eſtre enregiſtré par eux; & ſi le feront enregiſtrer au Greffe de ladite Cour. Et quant à l'apprentiſſage des Fils de Maiſtres qu'ils feront avec leurs

peres , fans aucun Brevet ni obligation; declare lad. Cour que le terme
fufdit de cinq ans ne fera compté finon du jour que leurfdits peres feront venus déclarer au Greffe de ladite Cour le commencement de leur
apprentiffage, Et ne feront reçûs les Fils de Maiftres ne autres quelconques , à faire leur apprentiffage, finon qu'ils ayent acquis l'âge de
douze ans complets pour le moins.

XXI.

Qu'aucun defdits Apprentifs ne fera reçû à befogner dudit Métier,
& faire de chef-d'œuvre pour y eftre reçû Maiftre, s'il n'a appris ledit
Métier en cette Ville de Paris, ou en autre Ville Jurée du Royaume,
par le temps & efpace de fix ans, comme deffus. Et outre où un Apprentif aura fait fondit temps d'apprentiffage en autre Ville Jurée, &
voudra eftre reçû Maiftre en cette Ville de Paris, fera tenu au préalable
fervir chez un Maiftre de cette Ville par l'efpace d'un an avant que
faire chef-d'œuvre, afin de connoiftre fa prud'hommie & experience.

XXII.

Que les Veuves defdits Maiftres, tant que demeureront en viduité,
joüiront de pareil privilege que les autres Maiftres dudit Métier.

XXIII.

Que lefdites Veuves qui fe voudront remarier avec Compagnons
dudit Métier, qui auront efté Apprentifs par l'efpace de fix ans affranchiront lefdits Compagnons leurs maris de faire chef-d'œuvre,
payer aucune chofe, finon tout ainfi & par la forme & maniere qu'il
a efté ci deffus ordonné des enfans des Maiftres.

XXIV.

Que lefdits Maiftres ne pourront retirer ne fouftraire les ferviteurs
les uns des autres, & ne bailleront à befogner à aucun ferviteur, ayant
délaiffé fon Maiftre, fans avoir au préalable fçû de luy pour quelle caufe
fondit ferviteur l'auroit délaiffé; fur peine aux contrevenans de quatre livres parifis d'amende pour la premiere fois, à appliquer comme
deffus : & pour la feconde fois huit livres parifis; & à la tierce, d'eftre
à jamais privez dudit Métier.

XXV.

Que lefdits Maiftres feront tenus bailler à befogner aux Compagnons dudit Métier qui auront fait apprentiffage en cette Ville de Paris, premier qu'aux Compagnons étrangers, pour pareil prix que lefdits Etrangers, fur peine de quarante fols parifis d'amende.

XXVI.

Qu'il ne fera fait aucune diftinction ou féparation du Métier de Tireur d'or & d'argent, Batteur d'or & d'argent trait, autrement appellez Ecacheurs, ains fera commun; & partant s'il y a aucun defdits Ecacheurs & Batteurs d'or trait, qui ait auffi appris ledit Métier de
de

de Tireur d'or & d'argent, & foit fuffifant pour eftre receu Maiftre Tireur & Ecacheur d'or & d'argent, eftre le pourra aux conditions fufdites.

XXVII.

Et en ce que cy-deffus a efté permis aufdits Tireurs faire ouvrage d'or & d'argent trait faux, aux conditions que deffus; la Cour a declaré & declare que cela fe doit entendre feulement de l'or & argent trait, faux pour tirer & écacher, & non maffif & rond qui fe puiffe employer en aucuns ouvrages d'orfévrerie contrefaits, comme bagues, anneaux, chaines & autres; & leur a inhibé & inhibe ladite Cour de vendre cy-après aucun or ou argent trait faux, maffif & rond, pour employer efdits ouvrages d'orfévrerie, fur peine de confifcation d'icelui, & d'amende arbitraire.

XXVIII.

Semblablement leur a ladite Cour inhibé & défendu de fondre ou difformer aucunes monnoyes d'or & d'argent ayant cours par l'Ordonnance du Roy, pour employer en leurfdits ouvrages, fur peine de punition corporelle, & autres peines, contenuës ès Ordonnances; & feront tenus lefdits Tireurs d'or & d'argent fe retirer en la Cour des Monnoyes de trois mois en trois mois, pour avoir permiffion d'employer en leurfdits ouvrages la quantité d'or & d'argent qui leur fera befoin, & leur fera livré par ladite Cour.

XXIX

Davantage a ladite Cour inhibé & défendu, inhibe & défend à tous lefdits Tireurs & Ecacheurs d'or & d'argent, d'avoir ni tenir en leurs maifons aucuns fourneaux propres à faire effay, ni affiner aucunes matieres d'or & d'argent, fur peine d'amende arbitraire; leur enjoignant au furplus de garder & obferver les Ordonnances tant anciennes que modernes, concernant ledit Métier.

PRONONCE' & publié au Bureau de ladite Cour le dixfeptiéme jour d'Aouft mil cinq cens cinquante-fept, en préfence de Claude Pourfilleux, Pierre le Noble, Vulfran Coufturier, Eftienne Fouquenot, Jacques Hubault, Arthus Lebeuf, Denys Bordier, Benoift Faure, Pierre Guyot, Guillaume Aubelot, Jacques Alexandre, Guillaume Oudaille, Louis Prevoft, Claude Vacher, Jean Jouanne, Jean Torchery, Thomas Croifé, Pierre Bizet, Hubert de Lapierre, Jean Augier, Honoré Mallet; tous Tireurs d'or & d'argent, ayans Compagnons fous eux, Jean Saunier, Denys Couffon, Louis Garnier, Michel Baucair, Guillaume Lacaille, Nicolas Jouanne, Marin Oudaille, Hermant Dargilliers, Nicolas de Lapierre, Nicolas Duperroy, Gilles Fruitier, Nicolas Gyverne, Pierre Autin,

C

Jean Roffignol, Jean Rouffel, Jean Carron, Bernard Diftrac, Compagnons dudit Métier de Tireur d'or & d'argent: Richard Prieur, Jacques Rubentel, Pierre de Lavallée, Laurent de Lalée, Gervais Portaille, Hugues Tournis, Jean Boulet, Robert Cordier, Jacques Bouchely & Pierre Javelle, eux difans Ecacheurs. Après laquelle prononciation le Procureur Général du Roy a requis, pour éviter à confufion, qu'il foit commis deux des Confeillers d'icelle, pardevant lefquels feront tous les fufdits tenus d'apporter leurs Brevets d'apprentiffage, pour iceux vûs ordonner de ceux qui feront Maîtres, pour après procéder à l'Election des Jurés & Gardes dudit Métier, comme de raifon.

LA COUR faifant droit fur la Requefte dudit Procureur Général du Roy, a commis & commet Maiftres Pierre Alligret, & Sébaftien de Riberolles, Confeillers & Généraux en icelle, pardevant lefquels comparoîtront tous lefdits Tireurs & Ecacheurs, aufquels ils feront apparoir de leurs temps d'apprentiffage, tant par lettres que témoins, & propoferont tout ce que bon leur femblera fur les Articles du Reglement à eux cy-deffus lû préfentement, dont lefdits Commiffaires feront Procès-verbal, pour icelui vû ordonner fur le tout comme elle verra eftre à faire par raifon. Et faifant droit fur la Requefte verbalement faite par Jacques Hubault, l'un defdits Tireurs d'or & d'argent, LA COUR a fait inhibitions & défenfes à tous les defufdits, de ne méfaire ni médire les uns des autres, fur les peines de droit.

VEU par les Confeillers Généraux de la Cour des Monnoyes, féans pendant les vacations, le Procès-verbal & procédures faites par les Commiffaires de ladite Cour, commis pour oüir les Tireurs & Ecacheurs d'or & d'argent de cette Ville de Paris, Batteurs d'or & d'argent trait, fur l'exécution du Reglement à eux prononcé le dix-feptiéme jour d'Aouft dernier, & oüi le rapport defdits Commiffaires, enfemble le Procureur Général du Roi.

LESDITS CONSEILLERS Généraux ont ordonné & ordonnent, ayant égard aux remontrances defdits Tireurs & Ecacheurs, Batteurs d'or & d'argent trait, que outre les deux Maiftres Jurez & Gardes dudit Métier, ordonnez par le premier Article dudit Reglement, en fera élû un troifiéme, & defquels en fera par chacun an élû un nouveau, au lieu & à la place du plus ancien.

Et faifant droit fur le réquifitoire dudit Procureur Général du Roy, quant à ce, ont ordonné & ordonnent que ceux qui depuis longtemps tiennent Boutique, & font état de Maiftre, feront receus Maiftres dudit état, & feront le ferment en ladite Cour en tel cas requis & accoûtumé; & quant aux Compagnons qui temps fuffifant ont fait leur apprentiffage, eft auffi ordonné qu'ils feront receus à eftre Maiftres dudit Métier toutesfois & quantes qu'ils fe retireront pardevers ladite Cour, & qu'ils auront puiffance de lever & tenir Boutique, fans eftre fujets à faire aucun chef-d'œuvre. Et ayant égard aux remontrances faites aufdits Commiffaires par les Ecacheurs, leur ont permis & permettent de pouvoir travailler dudit Métier d'Ecacheur, leur vie durant feulement, fans aucune forme de Maiftrife, fans qu'ils puiffent avoir ni retenir aucun Apprentif fous eux. Et fuivant ledit Reglement, & pour l'avenir, aucune diftinction ne fera faite dudit Métier: ains qui voudra eftre receu Maiftre dudit Métier, il faudra qu'il fçache tirer & écacher.

Et à l'inftant fe font préfentez Jacques Hubault, Eftienne l'ouquenot, Claude Vacher, Guillaume Oudaille, Arthus Lebeuf, Denys Bordier, Jacques Alexandre, Jean Joüanne & Pierre Lenoble, qui ont requis eftre reçûs au ferment de Maiftre dudit Métier, d'autant qu'ils tiennent tous boutiques & font état de Maiftres. Aufquels avons fait faire le ferment de bien & dûement exercer ledit Etat & Métier de Tireurs & Ecacheurs d'or & d'argent, & Batteurs d'or & d'argent trait en cette Ville de Paris, felon & fuivant les Ordonnances d'icelui, & Reglement qui leur a efté cy-devant donné par ladite Cour, & fur les peines y contenuës; ce qu'ils ont chacun d'eux juré & promis faire. Ce fait leur avons ordonné procéder au premier jour à l'élection des trois Maiftres Jurez & Gardes dudit Métier, en leurs loyautez & confciences; ladite Election faite, les préfenter à ladite Cour, pour prendre & recevoir leur ferment. FAIT par les Confeillers Généraux de la Cour des Monnoyes, féans au temps des Vacations l'onziéme jour de Septembre l'an mil cinq cens cinquante-fept. Signé, HOTMAN. Et au bas eft écrit: Collation eft faite.

Extrait des Regiftres de la Cour des Monnoyes.

SUR la Requefte préfentée à la Cour par les Jurez & Gardes du Métier de Tireur & Ecacheur d'or & d'argent trait en cette Ville de Paris, par laquelle ils fupplient la Cour autorifer l'accord fait par tous les Maiftres dudit Métier, & ce faifant leur permettre d'avoir une Chambre en cette ville de Paris, en laquelle ils puiffent faire les vifitations des befognes faifies, tant fur lefdits Maiftres qu'étrangers, enfemble les chefs-d'œuvres des Compagnons qui fe voudront paffer Maiftres, & y faire leurs Affemblées pour traiter des affaires de leurdit Métier, circonftances & dépendances. VEU par la Cour ladite Requefte du 10 Juillet 1570. Accord & confentement de tous les Maiftres dudit Métier du 17 dudit mois: Ordonnances & Reglemens du dit Métier : Conclufions du Procureur Général du Roy, auquel le tout a efté communiqué ; tout confideré : LA COUR faifant droit fur ladite Requefte, a permis & permet aufdits Jurez & Gardes dudit Métier d'avoir une chambre en cette ville de Paris, en lieu commode pour le foulagement des parties, en laquelle ils pourront faire les vifitations des befognes faifies, tant fur les Maiftres dudit Métier, qu'étrangers, les chefs-d'œuvres de ceux qui fe pafferont Maiftres, & autres actes concernans les affaires & Reglemens dudit Métier, & en laquelle lefdits Maiftres feront tenus comparoir lors & quand ils feront mandez par lefdits Jurez, pour traiter de leurfdites affaires ; le tout fans faire aucuns monopoles, fur peine d'amende arbitraire, & de punition corporelle au cas appartenant. PRONONCE' aufdits Jurez le deuxiéme Aouft l'an mil cinq cens foixante-dix. Signé, DE BRIZAC, Commis. Et au bas eft écrit : Collation eft faite.

[Confirmation d'Henry III. du mois de Janvier 1583.]

HENRY par la grace de Dieu, Roy de France & de Pologne : à tous préfens & avenir, SALUT. Sçavoir faifons, Nous avoir receu l'humble fupplication de nos chers & bien amez les Maiftres Tireurs d'or & d'argent de noftre Ville de Paris, contenant que pour obvier aux fautes & abus qui fe commettoient en leur Métier, ils auroient obtenu de nos Prédéceffeurs Rois la confirmation & homologation des Statuts & Privileges faits pour le Reglement dudit Etat, contenu en deux cahiers cy-attachez, qui avoient efté vérifiez tant en noftre Cour de Parlement à Paris, que Généraux de nos Monnoyes : Nous fuppliant & requérant les confirmer & autorifer, eftant pour le bien & la commodité du public, Police & Reglement dudit Métier, pour eftre entièrement fuivis & obfervez de point en point felon leur forme & teneur. A CES CAUSES, defirant favorablement traiter lefdits Supplians, avons continué & confirmé, & de noftre certaine fcience, grace fpéciale, pleine puiffance & autorité Royale, continuons & confirmons aufdits Supplians lefdits anciens Statuts & Privileges à eux octroyez par nos Prédéceffeurs, pour en joüir par eux & leurs fuccefleurs, tout ainfi & en la forme & maniere qu'ils en ont cy-devant bien joüi & ufé, joüiffent & ufent encore de préfent ; Voulons qu'ils foient dorénavant & perpétuellement inviolablement gardez & obfervez en noftre Ville & Fauxbourgs de Paris, ou par tout ailleurs où il appartiendra & befoin fera, de point en point, fans y contrevenir, ou innover aucune chofe au contraire. Si donnons en Mandement par cefdites Présentes, à nos amez & féaux Conseillers les Généraux de nostre Cour des Monnoyes establis à Paris, & à tous nos autres Justiciers & Officiers qu'il appartiendra, que de nos présentes confirmation, homologation, autorisation & approbation, & du contenu esdits Statuts & Ordonnances, tant anciens que modernes, ils fassent & laissent joüir & user lesdits Supplians & leurs successeurs audit Métier de Tireur, Batteur & Ecacheur d'or & d'argent trait, clinquant, canetilles, jazerans, frisons, frisures, filures & autres choses concernant de leurdit Métier, pleinement, paisiblement & perpétuellement, en contraignant & faisant contraindre à y obéir tous ceux que besoin sera, & qui pour ce seront à contraindre par toutes voyes dûës & raisonnables, le tout nonobstant oppositions ou appellations quelconques, pour lesquelles ne voulons estre differé, ordonnances, restrictions, mandemens, défenses & lettres à ce contraires: car tel est nostre plaisir. Et afin que ce soit chose ferme & stable à toûjours, Nous avons fait mettre nostre scel à cesdites Présentes; sauf en autres choses nostre droit, & l'autruy en toutes. DONNE' à Paris au mois de Janvier, l'an de grace mil cinq cens quatre-vingt-trois, & de nostre Regne le neuviéme. Signé, sur le repli, Par le Roy en son Conseil, GUYBERT. Et à costé, *Visa.* Et scellé en lacs de soye rouge & verte du grand scel de cire verte. Sur ledit repli est encore écrit: *Lesdites Lettres ont esté enregistrées ès Regiſtres de la Cour des Monnoyes, pour en joüir par les Impétrans suivant l'Arreſt d'icelle du jourd'huy onzième jour de Decembre l'an mil cinq cens quatre-vingt-quatre.* Signé, *HAC.*

Extrait des Regiſtres de la Cour des Monnoyes.

SUR la Requeſte présentée à la Cour par les Maiſtres Jurez Tireurs d'or & d'argent trait en cette Ville de Paris, à ce qu'il plût à ladite Cour ordonner que les Lettres Patentes de Confirmation des Privileges & Statuts dudit Métier, seront enregiſtrées ès Regiſtres d'icelle, pour en joüir selon leur forme & teneur. VEU par la Cour ladite Requeſte, lesdites Lettres Patentes en forme de Chartes données à Paris au mois de Janvier 1583. signées sur le repli, Guibert, & scellées en lacs de soye rouge & verte, de cire verte du grand scel; par lesquelles le Roy continuë & confirme ausdits Maiſtres du Métier de Tireur d'or, les anciens Statuts & Privileges à eux octroyez par ses Prédécesseurs Rois, pour en joüir comme ils ont fait cy-devant. Conclusions & consentement du Procureur Général du Roy, qui auroit consenti lesdites Lettres eſtre enregiſtrées: tout consideré, LA COUR en enthérinant ladite Requeſte, a ordonné & ordonne que lesdites Lettres seront enregiſtrées ès Regiſtres de ladite Cour, pour en joüir par les

Impétrans comme ils ont joüi bien & düement ci-devant. FAIT en la Cour des Monnoyes l'onziéme jour de Décembre, l'an mil cinq cens quatre-vingt-quatre. Signé, HAC. Et à costé est écrit, Collationné.

[Confirmation d'Henry IV. du mois d'Octobre 1594.]

HENRY par la grace de Dieu, Roy de France & de Navarre : A tous présens & à venir, SALUT. Sçavoir faisons, que Nous avons receu l'humble supplication de nos chers & bien amez les Maistres Tireurs d'or & d'argent de notre Ville de Paris, contenant que pour obvier aux fautes & abus qui se commettent en leur Métier, ils auroient obtenu de nos Prédécesseurs Rois, la confirmation & homologation des Statuts & Privileges faits pour le Reglement dudit Métier, contenus en deux cahiers cy-attachez, qui auroient été vérifiez, tant en notre Cour de Parlement à Paris, que Généraux de nos Monnoyes : Nous suppliant & requérant les confirmer & autoriser, estant pour le bien & la commodité du Public, Police & Reglement dudit Métier, pour estre entierement suivis & observez de point en point, selon leur forme & teneur. A CES CAUSES, désirant favorablement traiter lesdits Supplians, avons continué & confirmé, & de notre certaine science, grace spéciale, pleine puissance & autorité Royale, continuons & confirmons lesdits anciens Statuts & Privileges à eux octroyez par nos Prédécesseurs, pour en joüir par eux & leurs successeurs ; tout ainsi & en la même forme & maniere qu'ils en ont ci-devant bien & düement joüi & usé, joüissent & usent encore de présent ; voulant qu'ils soient doresnavant perpétuellement & inviolablement gardez & observez en notredite Ville de Paris, & Fauxbourgs d'icelle, & par tout ailleurs où il appartiendra & besoin sera, sans y contrevenir, ni innover aucune chose au contraire. Si donnons en Mandement par cesdites Présentes à nos amez & féaux Conseillers, & Généraux de notre Cour des Monnoyes établie à Paris, & à tous nos autres Justiciers & Officiers qu'il appartiendra, que de nos Présentes confirmation, homologation, autorisation & approbation, & du contenu esdits Statuts & Ordonnances ils fassent & laissent joüir & user lesdits Supplians & leurs successeurs audit Métier de Tireur, Batteur & Ecacheur d'or & d'argent trait, clinquant, canetilles, jazerans, frisons, frisures, filures, & autres, concernant leurdit Métier, pleinement, paisiblement & perpétuellement, en contraignant & faisant contraindre à y obéir tous ceux que besoin sera, & qui pour ce seront à contraindre, par toutes voyes düés & raisonnables ; le tout nonobstant oppositions ou appellations quelconques, pour lesquelles ne voulons estre differé, Ordonnances, restrictions, mandemens, défen-

fes & Lettres à ce contraires : Car tel eft notre plaifir. Et afin que ce
foit chofe ferme & ftable à toûjours, Nous avons fait mettre notre fcel
à cefdites Préfentes ; fauf en autre chofe notre droit, & l'autruy en
tout. DONNE' à Paris au mois d'Octobre, l'an de grace mil cinq
cens quatre-vingt-quatorze, & de notre Regne le fixiéme. Signé fur
le repli, Par le Roy, POUSSEPIN. Et à côté : *Vifa Contentor.* Signé,
BERNARD. Sur ledit repli eft encore écrit : *Lefdites Lettres ont efté
enrégiftrées ès Regiftres de la Cour des Monnoyes, pour en joüir par les
Impétrans fuivant l'Arreft de ce jour le 9 Juin 1597. Signé, NABE-
RAT.* Et fcellé du grand fceau de cire verte en lacs de foye rouge &
verte.

Extrait des Regiftres de la Cour des Monnoyes.

SUR la Requefte préfentée par les Maiftres Jurez Tireurs & Ecacheurs d'or & d'argent trait en cette Ville de Paris, tendante à ce
qu'il plût à la Cour ordonner que les Lettres Patentes de confirmation des Privileges & Statuts dudit Métier foient enregiftrées ès Regiftres d'icelle, pour en joüir felon leur forme & teneur, & y avoir
récours quand befoin feroit. VEU ladite Requefte, lefdites Lettres
Patentes données à Paris au mois d'Octobre 1594. fignées fur le repli,
Par le Roy, POUSSEPIN, & à côté, *Vifa Contentor.* Bernard, & fcel-
lées de cire verte du grand fcel, en lacs de foye rouge & verte ; par lefquelles le Roy confirme & continuë aufdits Maiftres dudit Métier de
Tireurs d'or & d'argent les anciens Statuts & Privileges à eux octroyez
par fes Prédéceffeurs Rois, pour en joüir par eux & leurs fucceffeurs,
ainfi & en la forme & maniere qu'ils ont fait ci-devant, & qu'ils font
encore de préfent ; voulant qu'ils foient inviolablement gardez en ladite Ville & Fauxbourgs de Paris, & par tout ailleurs que befoin fera ;
mandant à ladite Cour y tenir la main, & les en faire joüir & ufer pleinement & paifiblement : Conclufions du Procureur Général du Roy.
TOUT CONSIDERE' : LA COUR, en enthérinant ladite Requefte, a
ordonné & ordonne que lefdites Lettres Patentes feront regiftrées ès
Regiftres d'icelle, pour en joüir par les Impétrans bien & düement,
& comme ils en ont joüi cy-devant. FAIT en la Cour des Monnoyes
le neuviéme jour de Juin mil cinq cens quatre-vingt-dix-fept. Collationné. Signé, NABERAT.

[*Confirmation de Louis XIII. du mois de Janvier 1625.*]

LOUIS par la grace de Dieu, Roy de France & de Navarre : A tous
préfens & à venir, SALUT. Nos chers & bien amez les Maiftres

Tireurs d'or & d'argent de notre Ville de Paris, Nous ont fait très
humblement remontrer, que pour obvier aux abus, fautes & malverfations qui fe commettoient en leurdit Métier, ils auroient obtenu de
nos Prédeceffeurs Rois confirmation & homologation des Statuts par
eux faits, & Privileges accordez pour le Reglement dudit Etat, contenus en deux cahiers ci-attachez, qui auroient efté verifiez, tant en
notre Cour de Parlement de Paris, que Generaux de notre Cour des
Monnoyes; pour raifon defquels Statuts & privileges ils auroient depuis notre avenement à cette Couronne payé le droit de Confirmation d'iceux, fuivant la taxe qui en auroit efté faite en notre Confeil,
Nous fuppliant & requerant, pour le bien & commodité du Public,
Police & Reglement dudit Métier, leur octroyer à ces fins nos Lettres
de Confirmation neceffaires. A CES CAUSES, defirant favorablement
traiter lefdits Suplians, Nous leurs avons continué & confirmé, & de
notre grace fpeciale, pleine puiffance & autorité Royale, continuons
& confirmons lefdits anciens Statuts & Privileges à eux octroyez par
nofdits Prédeceffeurs Rois; pour en joüir par lefdits Supplians & leurs
fucceffeurs tout ainfi & en la même forme & maniere qu'ils en ont
bien & ci-devant joüi & ufé, joüiffent & ufent encore de prefent:
Voulant qu'ils foient dorefnavant perpetuellement & inviolablement
gardez & obfervez en notredite Ville de Paris, Fauxbourgs d'icelle,
& partout ailleurs où il appartiendra & befoin fera, fans y contrevenir ni innover aucune chofe au contraire. Si donnons en mandement
à nos amez & feaux Confeillers, & Generaux tenans notre Cour des
Monnoyes, & à tous nos autres Jufticiers, & Officiers qu'il appartiendra, que de nos prefentes Lettres de Confirmation & du contenu efdits
Statuts & Ordonnances ils faffent & laiffent joüir & ufer lefdits Supplians & leurs fucceffeurs audit Métier de Tireurs, Batteurs & Ecacheurs d'or & argent trait, clinquant, canetilles, jazerans, frifons,
frifures, filures, & auttes chofes concernant leurdit Métier, pleinement, paifiblement & perpétuellement, en contraignant & faifant
contraindre tous ceux que befoin fera, & qui pour ce feront à contraindre, par toutes voyes düës & raifonnables, le tout nonobftant oppofitions ou appellations quelconques, pour lefquelles ne voulons eftre differé, ordonnances, reftrictions, mandemens, défenfes & lettres à ce
contraires: Car tel eft notre plaifir. Et afin que ce foit chofe ferme &
ftable à toûjours, Nous avons fait mettre notre fcel à cefdites Préfentes; fauf en autres chofes notre droit, & l'autruy en toutes. DONNE'
à Paris, au mois de Janvier l'an de grace mil fix cens vingt-cinq, & de
notre regne le quinziéme. Signé fur le repli, Par le Roy: MASCLA-
RY. Et à côté: *Vifa Contentor.* Signé, DE LA FONS. Et fcellé du
grand fceau de cire verte en lacs de foye rouge & verte.

Confirmation

[Confirmation de Louis XIV. du mois de Mars. 1654.]

LOUIS par la grace de Dieu, Roi de France & de Navarre : à tous préfens & à venir, SALUT. Nos chers & bien amez les Maiftres Tireurs d'or & d'argent de notre Ville de Paris, Nous ont fait très humblement remontrer, que pour obvier aux abus, fautes & malverfations qui fe commettoient à leurdit Métier, ils auroient obtenu de nos Prédeceffeurs Rois, confirmation & homologation des Statuts par eux faits, & privileges par eux accordez pour le Reglement dudit Etat, contenus en deux cahiers cy-attachez, qui auroient efté verifiez tant en notre Cour de Parlement de Paris, que Généraux de notre Cour des Monnoyes ; pour raifon defquels Statuts & Privileges, ils auroient depuis notre avenement à cette Couronne, payé le droit de confirmation d'iceux, fuivant la taxe qui en auroit efté faite en notre Confeil : Nous fuppliant & requerant, pour le bien & commodité du public, police & reglement dudit Métier, leur octroyer à ces fins nos Lettres de confirmation néceffaires. A ces caufes, defirant favorablement traiter lefdits Supplians, Nous leur avons continué & confirmé, & de notre grace fpéciale, pleine puiffance & autorité Royale, par ces Préfentes fignées de notre main, continuons & confirmons lefdits anciens Statuts & Privileges à eux octroyez par nofdits Prédeceffeurs Rois, pour en joüir par lefdits Supplians & leurs fucceffeurs, tout ainfi & en la même forme & maniere, qu'ils en ont bien & duëment joüi & ufé, joüiffent & ufent encore de préfent ; voulant qu'ils foient dorefnavant perpetuellement & inviolablement gardéz & obfervez en notredite Ville de Paris, Fauxbourgs d'icelle, & par tout ailleurs où il appartiendra & befoin fera, fans y contrevenir, ni innover aucune chofe au contraire, Si donnons en mandement à nos amez & feaux Confeillers & Généraux tenans notre Cour des Monnoyes, & à tous nos autres Jufticiers & Officiers qu'il appartiendra, que de nos préfentes Lettres de confirmation, & du contenu efdits Statuts & Ordonnances, ils faffent & laiffent joüir & ufer lefdits Supplians & leurs fucceffeurs audit Métier de Tireurs, Batteurs & Ecacheurs d'or & d'argent trait, clinquant, canetilles, jazerans, frifons, frifures, filures, & autres chofes concernant ledit Métier, pleinement, paifiblement & perpetuellement en contraignant & faifant contraindre tous ceux que befoin fera, & qui pour ce feront à contraindre, par toutes voyes düës & raifonnables ; le tout nonobftant oppofitions ou appellations quelconques pour lefquelles ne voulons eftre differé, Ordonnances, reftrictions, défenfes & Lettres à ce contraires ; Car tel eft notre plaifir. Et afin

D

que ce foit chofe ferme & ftable à toujours, Nous avons fait mettre notre fcel à cefdites Prefentes; fauf en autres chofes notre droit, & l'auttuy en toutes. DONNE'ES à Paris au mois de Mars, l'an de grace mil fix cens cinquante-quatre, & de notre Regne le onziéme. Signé, L OUIS. Et fur le repli: Par le Roi, PHELYPEAUX. Et à cofté, MOLE'. Vifa, Et fcellé du grand fceau de cire verte, en lacs de foye rouge & verte.

Quittance du Tréforier des Parties Cafuelles & deniers extraordinaires, de la fomme de 2000 livres.

J'AY reçu des Maiftres Tireurs d'or à Paris par les mains de Claude Lebeuf, Claude Royer, Guillaume Javelle, & Martin Duperroy, Jurez dudit Métier, la fomme de deux mille livres, à laquelle il a efté taxé au Confeil du Roy pour le droit de Confirmation dû à Sa Majefté à caufe de fon avenement à la Couronne, à caufe de leurs Privileges, fuivant la déclaration du 24 Octobre dernier. Fait à Paris le 22 Fevrier 1644. Signé, DE FLANDELLET.

Au bas eft écrit: Au Rôlle du 12 Décembre 1643.

Au dos eft écrit: Enregiftré au Contrôlle général des Finances, par moy fouffigné, à ce commis par Monfieur d'Hemery, Confeiller au Confeil d'Etat, & Contrôlleur Général des Finances de France. A Paris ce 22 Fevrier 1644 Signé, LANCHENU.

Extrait des Regiftres de la Cour des Monnoyes.

29 Janvier 1667.

VEÙ par la Cour la Requefte à elle préfentée le 22 Octobre 1666, par les Jurez & Communauté des Tireurs d'or & d'argent de cette Ville de Paris, à ce qu'il plaife à la Cour, en jugeant la Saifie faite à la Requefte du Procureur Général du Roy, fur Pierre le Grand, l'un des Maiftres dudit Métier, les recevoir Parties intervenantes, & faifant droit fur leur intervention, permettre à ladite Communauté de fe fervir de Fourneaux, Forges, Enclumes, Creufets, Marteaux, & autres inftrumens pour fondre & forger leurs ouvrages, aux offtes qu'ils faifoient, au cas que la Cour trouvât à redire à ce que les fourneaux, forges & enclumes dudit le Grand, avoient efté trouvez en chambre, de les avoir en vûë & lieu apparent dans leurs Boutiques. Arreft de la Cour du vingt-cinq dudit mois, par lequel entre autres chofes, après que les Supplians ont efté reçus Parties intervenantes il a efté ordonné qu'ils remettroient inceffamment pardevers le Confeiller Rapporteur, les

Statuts de ladite Communauté, enfemble les Piéces dont ils entendoient fe fervir aux fins de ladite Requefte, pour leur eftre fait droit ainfi que de raifon, les Statuts & Reglemens dudit Métier, des années 1535, 1554, & 1557. Autre Requefte des Supplians, à ce que faifant droit fur la précedente, & en tant que befoin eft ou feroit, interpretant les Articles XXVII. & XXVIII. defdits Statuts, ou y ajoûtant, il plût à la Cour ordonner qu'ils feront maintenus & gardez, au droit de liberté d'avoir & tenir en leurs maifons, des Fourneaux à fondre, avec les Uftenfiles propres à cet effet, comme aufii à forger leurs ouvrages, aux mêmes offres que deffus. Autre Arreft du 29 Decembre dernier, par lequel il auroit efté ordonné qu'avant faire droit, le Confeiller Rapporteur d'iceluy, fe tranfporteroit és Maifons & Boutiques des Maiftres dudit Métier, pour dreffer Procès Verbal des Fourneaux qui y feroient trouvez, de leur fituation, & de la neceffité que peuvent avoir lefdits Maiftres d'en avoir en leurs Boutiques. Procès Verbal de l'execution dudit Arreft du 30 dudit mois ; Conclufions du Procureur General du Roy, auquel le tout a efté communiqué, de l'Ordonnance de la Cour : Oüy le rapport du Confeiller à ce commis : tout confideré, LA COUR, ayant égard aux Requeftes des Supplians, & interprétant les Statuts dudit Métier de Tireur d'or & d'argent de cette Ville de Paris, a permis & permet aux Maiftres d'iceluy, d'avoir en leurs Boutiques & lieu apparent à la vûë du Public, & non ailleurs, des Fourneaux à fondre & forger les matieres d'or & d'argent qu'ils employent à leurs ouvrages, & au furplus ordonne que lefdits Statuts feront executez felon leur forme & teneur, fous les peines y contenues. Fait en la Cour des Monnoyes, le vingt-neuf Janvier mil fix cens foixante-fept. Collationné. Signé, HERARDIN.

Reunion des Offices de Jurez du Corps des Maiftres Tireurs, Ecacheurs & Fileurs d'or & d'argent, à leur Communauté.

12 Juin 1691.

LOUIS, par la grace de Dieu, Roy de France & de Navarre : A tous ceux qui ces Préfentes Lettres verront : SALUT. Les Maiftres & Communauté des Tireurs, Ecacheurs, & Fileurs d'or & d'argent de notre bonne Ville & Fauxbourgs de Paris, Nous ayant fait remontrer que les abus qui fe peuvent commettre dans les ouvrages de leur Métier, font d'autant plus dangereux & préjudiciables au Public, que peu de perfonnes font capables de connoître à l'infpection, fi l'ouvrage eft fin ou faux : Pourquoy ils font obligez d'apporter une grande précaution dans les Visites qu'ils font, tant de l'or filé à Paris, que de celuy qui y est apporté des Provinces, suivant la permission qui leur en a esté accordée par Nous, & par nos Prédecesseurs Rois : que par ces raisons ils ont un notable interest, tant pour l'utilité publique, que pour la conservation de leur commerce, que ceux qui seront à la teste de leur Communauté, soient personnes d'experiences & de probité : Pourquoy ils Nous ont très humblement fait supplier qu'il nous plût unir à leur Communauté les deux Offices de Jurez, créez par notre Edit du mois de Mars dernier, offrant de Nous payer la somme de deux mille livres pour la finance desdits Offices ; pour estre exercez par ceux qui nous seront par eux presentez pour tel temps qu'ils aviseront entre eux, en vertu des Lettres de provisions qui leur seront expediées en notre Grande Chancellerie, & leur laisser à l'avenir la faculté de Nous en presenter de nouveaux pour exercer lesdits Offices, ausquels il sera expedié sur leur nomination, des Lettres de confirmation en notre Grande Chancellerie ; & de les vouloir maintenir dans les privileges, franchises & libertez à eux accordez par Arrests de Reglemens de notre Conseil. A ces Causes, voulant favorablement traiter la Communauté desdits Maistres Tireurs, Ecacheurs & Fileurs d'or & d'argent, & leur donner des marques de notre protection : Nous avons par ces Presentes signées de notre main, uni & incorporé, unissons & incorporons à ladite Communauté des Maistres Tireurs, Ecacheurs & Fileurs d'or & d'argent, les deux Offices de Jurez créez par notre Edit du mois de Mars dernier, en payant par eux, suivant leurs offres, au Receveur de nos Revenus Casuels en exercice, la somme de deux mille livres ; ce faisant, Voulons que lesdits Offices soient exercez en vertu des Provisions que nous ferons expedier en faveur de ceux qui seront nommez par ladite Communauté, pour tel temps qu'elle avisera ; lesquels seront reçus & presteront serment en la Cour des Monnoyes en la maniere accoutumée : après l'expiration duquel temps, ladite Communauté pourra Nous en presenter de nouveaux, pour obtenir des Lettres de confirmation de leur nomination & continuer à l'avenir à toutes mutations. Et en consequence Nous les avons maintenus & maintenons dans tous leurs privileges, franchises & libertez. SI DONNONS EN MANDEMENT à nos amez & feaux Conseillers les Gens tenans notre Cour de Parlement, que ces presentes ils ayent à faire lire, publier & registrer, & du contenu en icelles, faire joüir & user les Jurez, Corps & Communauté des Maistres Tireurs, Ecacheurs & Fileurs d'or & d'argent de notre bonne Ville & Fauxbourgs de Paris, selon leur forme & teneur : Car tel est notre plaisir : En témoin de quoy nous avons fait mettre notre scel à cesdites presentes. DONNE' à Verſailles le douziéme Juin , l'an de grâce mil ſix cens quatre-vingt-onze, & de notre regne le quarante-neuviéme. Signé, LOUIS. Et plus bas : Par le Roy, PHELYPEAVX. Et ſcellé du grand ſceau de cire jaune.

Regiſtré, ouy & ce requerant le Procureur Général du Roy , pour eſtre executées ſelon ſa forme & teneur, & copie collationnée envoyée au ſiége du Chaſtelet de cette Ville de Paris, pour y eſtre lue , publiée & enregiſtrée. Enjoint au Subſtitut du Procureur général du Roy audit ſiége d'y tenir la main , & d'en certifier la Cour dans la huitaine , ſuivant l'Arreſt de ce jour. A Paris en Parlement, le 23 Juin 1691. Signé, DU TILLET.

Vû au Conſeil, PHELYPEAVX.

Regiſtré en la Cour des Monnoyes , le deuxiéme jour de Juillet 1691. Signé, HERARDIN.

Quittance du Tréſorier des Revenus Caſuels , de la ſomme de deux mille livres.

J'AY reçu de la Communauté des Maiſtres Tireurs, Ecacheurs & Fileurs d'or & d'argent de la Ville de Paris, la ſomme de deux mille livres , pour jouir de l'Union & Incorporation faite par la Déclaration du 12 Juin dernier , à ladite Communauté , des deux Offices hereditaires des Jurez créez par Edit du mois de Mars 1691. enſemble des droits & émolumens attribuez par iceluy, & eſtre leſdits Offices exercez en conſequence des proviſions qui ſeront expédiées à ceux qui ſeront nommez par ladite Communauté, pour tel temps qu'il ſera par elle aviſé ; après l'expiration duquel ladite Communauté préſentera à Sa Majeſté de nouveaux Officiers, afin d'obtenir la Confirmation de leur nomination, & continuer à l'avenir à toutes les mutations d'Officiers que voudra faire ladite Communauté ; le tout ainſi qu'il eſt plus au long porté par ladite Déclaration ; ladite ſomme de deux mille liv. à moi payée par les Jurez en charge de ladite Communauté , qu'ils m'ont declaré provenir tant de la vente qu'ils ont faite de l'argenterie de leur Chapelle , portée à la Monnoye ; & le ſurplus fourni par Pierre de Lalun le jeune. Fait à Paris le quatriéme jour de Juillet mil ſix cens quatre-vingt-onze. *Signé ,* DAMOND. *Plus bas eſt écrit :* Au Rôlle du 26 Juin 1691.

Et au dos eſt écrit : Enregiſtré au Contrôlle General des Finances, par Nous Conſeiller ordinaire du Roy en tous ſes Conſeils, & au

31

Conseil Royal, Contrôlleur General des Finances de France. A Paris le treize Juillet mil six cens quatre-vingt-onze. Signé, PHELYPEAUX.

PAR Arrest du Conseil du 17 Décembre 1697, apert, que ceux qui seront à l'avenir élus Jurez, en feront toutes les fonctions, en vertu de leur élection, qui sera faite en la maniere accoutumée, sans estre obligez d'obtenir des Lettres de Provisions, ni de Confirmation de leur nomination, dont Sa Majesté les a relevez & dispensez, nonobstant l'Edit & Declaration du 12 Juin 1691, auquel Sa Majesté a derogé & deroge pour ce regard. Signé, DE LAISTRE. Ensuite duquel est l'enregistrement de la Cour des Monnoyes, du 29 Janvier 1698.

Lettres Patentes du 19 Janvier 1698, obtenues en consequence dudit Arrest. Signées, LOUIS. Et plus bas : PHELYPEAUX. Et scellées. A côté duquel est l'enregistrement de la Cour des Monnoyes, du 29 Janvier 1698. Signé, DE LA BAUME. Sous le Contre-scel desquelles Lettres, est attaché ledit Arrest cy-dessus.

Collationné aux Originaux par Nous Ecuyer, Conseiller-Secretaire du Roy, Maison & Couronne de France, & de ses Finances.

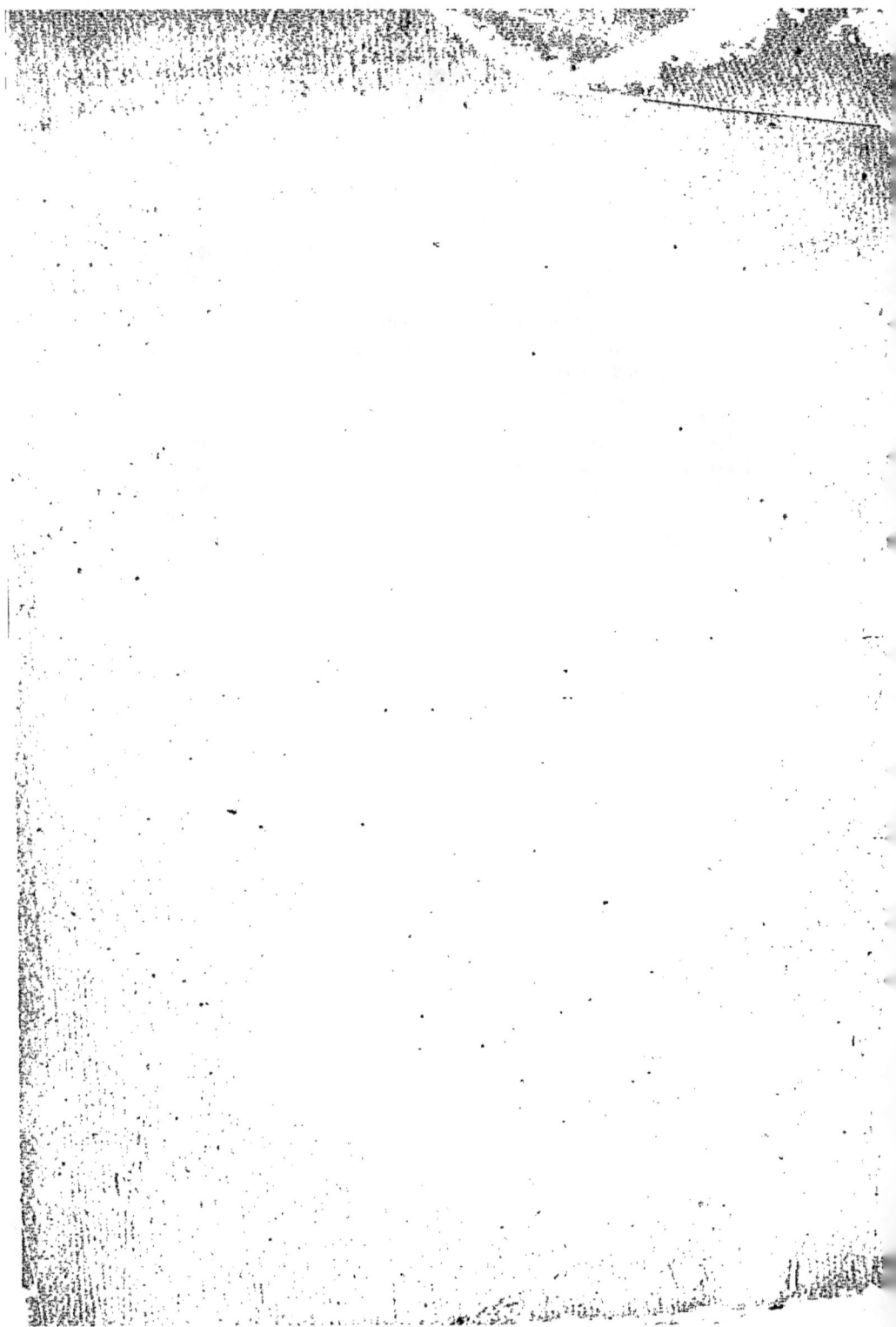

www.ingramcontent.com/pod-product-compliance
Lightning Source LLC
Chambersburg PA
CBHW060458200326
41520CB00017B/4838